Heike Grosse

Wendy 2
Freundschaft für immer

Das Erstlese-Buch zum Film

Für Leseanfänger

Mit vielen Fotos und Begriffs-erklärungen!

BALLOON

EGMONT

2. Auflage 2018 Egmont Balloon,
verlegt durch Egmont Verlagsgesellschaften mbH,
Alte Jakobstr. 83, 10179 Berlin
www.egmont-balloon.de

Layout und Umschlaggestaltung: Peter Kup
Illustrationen: iStock
Redaktion: Kathrin Schwarz
ISBN 978-3-86458-357-5

Printed in the EU

Unsere Bücher finden Sie im
Buch- und Fachhandel sowie im

www.egmont-shop.de

Die Egmont Verlagsgesellschaften gehören als Teil der Egmont-Gruppe zur **Egmont Foundation** –
einer gemeinnützigen Stiftung, deren Ziel es ist, die sozialen, kulturellen und gesundheitlichen
Lebensumstände von Kindern und Jugendlichen zu verbessern.
Weitere ausführliche Informationen zur Egmont Foundation unter **www.egmont.com**

Inhalt

Der schöne Unbekannte

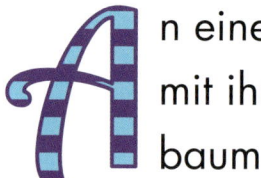n einem schönen Sommertag liegt Wendy mit ihrem Pferd Dixie unter einem Apfelbaum.

„Super, endlich Ferien!", seufzt sie und füttert ihn mit einem Apfel. Dixie wiehert zufrieden. Plötzlich hören beide in der Ferne noch ein anderes Wiehern.

Wendy hebt neugierig den Kopf und läuft gemeinsam mit Dixie in die Richtung, aus der die Geräusche kommen.

Ein stattlicher Reiter galoppiert über die
Wiese direkt auf sie zu. Es ist ein Junge,
etwas älter als Wendy. Nach einem Riesen-
satz bleibt das Pferd gerade noch rechtzeitig
vor Wendy stehen.

„Hallo, kannst du mir sagen, wo ich bin?",
fragt der Junge und lächelt sie an.
Er hat wunderschöne graue Augen.
Wendy schluckt: „Ähm … auf Rosenborg",
stottert sie ein bisschen verlegen.
„Ach, dann bist du Wendy, oder?", fragt er.
Ihr bleibt vor Erstaunen der Mund offen stehen.
Woher weiß er ihren Namen?

Der Junge erklärt: „Vanessa hat mir von dir erzählt.“

Jetzt versteht Wendy: Vanessa vom Nachbargut St. Georg. Was sie wohl über Wendy erzählt hat? Seitdem sie Vanessa mit Dixie aus dem Moor gerettet hat, verstehen sie sich ja ganz gut.

„Ich trainiere auf St. Georg für das Turnier“, redet der Junge weiter.

Wendy schaut ihn fragend an: „Welches Turnier?“

„Das Jugendturnier auf St. Georg. Reitest du nicht mit?“, will er wissen.

Sie schüttelt den Kopf: „Nein, Turniere sind
nicht so mein Ding."
Der Junge sagt sofort: „Meins schon!
Ich heiße übrigens Daniel – und ich will
unbedingt gewinnen. Dann komme
ich in den Landeskader!"

Wendy muss an St. Georg denken.
Den schicken und aufgeräumten Nachbarhof.
Ganz anders als Rosenborg. Hier ist es
unordentlich und überall stehen Sachen
herum. Aber genau das liebt Wendy und sie
verbindet Rosenborg natürlich mit ihrem
besten Freund Dixie. Schließlich
hat sie das ehemalige
Zirkuspferd hier
vor dem Schlachter
gerettet.

„Ähem", räuspert sich
Daniel und holt Wendy
aus ihren Gedanken.

Eilig beschreibt sie ihm den Weg zurück.
Dann reitet Daniel so plötzlich wieder weg
wie er gekommen ist.

Verträumt sieht Wendy ihm nach.
Plötzlich stupst Dixie sie von der Seite an.
„Was ist denn, der war doch ganz nett!",
sagt sie.
Dixie schüttelt seine Mähne. Er scheint da
ganz anderer Meinung zu sein.

Geldsorgen

Langsam reitet Wendy mit Dixie durch den roten Torbogen auf den Hof von Rosenborg. Direkt vor der Eingangstür wuselt das Hofschwein in der Sonne herum. Alle nennen es nur „Schwein". Daneben steht Oma Herta hinter einem alten Holztisch und rührt in einem großen Topf.

„Na Oma, wie läuft die Produktion?", erkundigt sich Wendy und steigt ab.

Herta schaut grinsend hinter einem Zettel

hervor: „Bombig! Aber, dass ich jetzt hier draußen kochen muss …"

„…hat doch nur Vorteile!", ergänzt Wendys Mutter Heike. Sie steht neben der Kochecke und nestelt gerade an einem Briefumschlag. „Du bist immer an der frischen Luft."

Auf einmal klappert der Topfdeckel.

„Oma, ich glaube der Topf …", bemerkt Wendy. Doch da ist es schon zu spät: Mit einem lauten Knall fliegt der Topf in die Luft. Wendy und Herta sind von oben bis unten mit Marmelade bekleckert. Sie schauen sich an und müssen laut loslachen. Das Schwein und Dixie machen sich begeistert über die Marmelade her.

Auch Heike muss grinsen: „Die Küche müssen wir so auch nicht alle zwei Wochen neu streichen." Dann verschwindet sie mit dem Brief in der Hand ins Wohnhaus.

Wendy kommt gerade die Treppe herunter,
als sie die Stimme ihres Vaters Gunnar aus der
Küche hört: „Wir haben doch immer bezahlt!"
„Ja, aber nicht immer pünktlich", antwortet
Heike, „…wenn die Bank den Kredit nicht
verlängert…"
„Dann verlieren wir den Hof!", sagt Gunnar.
Wendy stutzt. Ist Rosenborg in Gefahr?
„Deshalb arbeite ich ja an einem Finanzplan.
Mit einem Hofladen", erklärt Heike.
Gunnar seufzt: „Wir brauchen hier vor allem
viele Leute! Ein Turniersieg, das wäre gute
Werbung für uns!"

Wendy hat genug gehört. Den Hof zu ver-
lieren wäre schrecklich! Nachdenklich läuft
sie Dixie hinterher, der durch den Torbogen
in Richtung Wald läuft.
Kurz darauf stehen sie an einem großen
Waldsee. Am Ufer trifft sie auf ihre Freunde
Mücke, Merle und Bianca.
„Hallo Wendy", begrüßen die Kinder sie.
Mücke hält den Zettel vom Sommerturnier in
der Hand und liest laut vor: „Boah, 2000 Euro
Preisgeld spendiert Frau Immhof!
Für eine Jugendspringprüfung. Das ist ja
großzügig von ihr."

Bianca winkt ab: „Nee, ist sie nicht. Die ist voll gemein, frag mal Vanessa."

Wendy sieht über Mückes Schulter: Anmeldeschluss für das Turnier ist der 1. August.
Vielleicht sollte sie doch teilnehmen? Mit dem Preisgeld könnte sie ihren Eltern helfen.
Sie pfeift Dixie herbei: „Los komm, wir haben zu tun!"
Mücke schaut sie fragend an: „Was habt ihr denn vor?"
„Kommt doch mit", ruft sie und rennt los.
„Warte doch mal auf uns!", rufen die drei Freunde und rennen hinter ihr her.

So ein Dickkopf!

Auf Rosenborg klärt Wendy Bianca, Mücke und Merle auf: Sie will beim Jugendturnier mitreiten, um ihren Eltern zu helfen. „Dann fangen wir jetzt mit dem Training an", schlägt Bianca vor.

Gesagt, getan! Zusammen bauen sie die Hindernisse auf. Wendy trägt mit Mücke zwei

Ständer auf den Reitplatz. Bianca hängt
eine Stange ein und nach kurzer Zeit ist der
Parcours fertig.

Wendy geht zu Dixie und sitzt auf: „So, mein
Lieber, jetzt zeig mal, was in dir steckt."
Sie treibt ihn locker an. Er wird immer schneller
und nähert sich dem ersten Hindernis. Plötzlich
macht er vor der Stange eine Vollbremsung
und schubst die Stangen mit seinem Dick-
schädel herunter.
„Was macht ihr denn da?", ruft Gunnar, der
gerade am Reitplatz vorbeikommt.
„Wir üben für das Sommerturnier", erklärt
Wendy.
„Was? Das Zirkuspferd soll springen?", fragt
Gunnar lachend.

Wendy erzählt ihrem Vater was sie vorhat.
Er ist sehr überrascht: Seine Tochter will bei
einem Turnier mitreiten? Hat er richtig gehört?
„Na, dann lass mal sehen", meint Gunnar.

Wendy probiert es noch mal. Sie treibt Dixie
mit mehr Schenkeldruck an und reitet auf
das Hindernis zu. Doch im allerletzten
Moment bleibt Dixie wieder abrupt stehen.
Er mag einfach nicht springen.

Krisensitzung

Spät am Abend sitzt Oma Herta mit Wendy in der Küche. Wendy sieht traurig aus. „Warum macht Dixie denn nicht mit?", seufzt sie.

Herta schaut sie liebevoll an: „Er ist halt … Dixie."

„ … ein Dickkopf", verbessert Wendy.

„Ich glaube, ihr seid euch da ein kleines bisschen ähnlich", schmunzelt Herta.

Wendy nimmt ihre Hand: „Aber er muss doch den Ernst der Lage verstehen!"

Da begreift Herta: Wendy weiß von den Geldproblemen auf Rosenborg. Deshalb will sie bei dem Turnier mitreiten!

Sie nimmt Wendy in den Arm: „Machst du
dir etwa Sorgen wegen des Hofes?"
Wendy nickt.
Herta beruhigt sie: „Das musst du nicht. So
schnell muss hier niemand weg."

Ein Traumpferd für Rosenborg

Am nächsten Tag läuft Wendy mittags auf den Hof. Oma Herta steht schon wieder in der Marmeladenküche und kocht Marmelade. Neben ihr steht Metzger Röttgers. Die Sonne scheint Wendy mitten ins Gesicht, deshalb muss sie die Augen zusammenkneifen. Denn sie kann nicht richtig erkennen, was Metzger Röttgers hinter sich am Strick hält. Ist das etwa ein Schimmel?

Da kommt Wendys Bruder Tom um die Ecke.
„Was hat denn der Röttgers dabei? Ich glaube,
mich tritt ein Pferd!", staunt er.
„Ich hoffe, das tut es nicht", antwortet Wendy
lachend und läuft zur Marmeladenküche.

Metzger Röttgers hält Herta den Strick mit
dem Pferd hin: „Hier, für euch. Ich fand die
Süße viel zu schade für die Wurst."
Herta traut ihren Augen nicht. „Klaus …",
stottert sie. In diesem Moment tritt Gunnar

aus dem Haus.
„Klaus, was sollen
wir denn...?",
auch Gunnar
stottert. Aber als
er sich den
Schimmel genauer
ansieht, ist er
restlos begeistert:

Die Stute sieht
fantastisch aus. Ihr
weißes Fell leuchtet
in der Sonne.
„Penelope von der Hohenlohe", liest Gunnar
in den Papieren, „ein richtiges Turnierpferd!"
Doch was macht das Tier bei Metzger
Röttgers?
Vorsichtig zieht Wendy ihren Vater zur Seite:
„Papa, denkst du auch, was ich denke?"
Gunnar nickt. Wendy flitzt los und holt einen
Sattel.

Kurz entschlossen drückt Oma Herta dem
Metzger eine Kiste Marmelade in die Hand:
„Pferd gegen Marmelade?«, fragt sie.
Mit leuchtenden Augen nimmt er die Kiste
entgegen: „Klar, in Kirsch-Vanille-Marmelade
könnte ich mich reinlegen."

Ausgeträumt

Wendy sattelt das Pferd und steigt auf. Sie beginnt, es langsam im Schritt zu reiten. Bald wechselt sie in den Trab. Schließlich galoppiert sie eine Runde. Penelope bleibt ganz ruhig. Anschließend probiert Wendy mit ihr verschiedene Übungen aus.

„Das sieht toll aus! Ihr passt wunderbar zusammen!", schwärmt Gunnar.

Dann reitet Wendy mit Penelope auf ein kleines Hindernis zu. Die Stute wird immer schneller. Doch mitten im Galopp bremst sie plötzlich ab. Mit aufgerissenen Augen geht sie rückwärts und wiehert schrill.

„Ruhig, ruhig", beruhigt Wendy sie.

„Was hat sie denn?", fragt Wendy ihren Vater.

„Ich glaube, sie ist sauer", antwortet er.

„Auf mich?", will Wendy wissen.

Ihr Vater schüttelt den Kopf.

„Nein, das heißt so. Wenn ein Pferd nicht mehr springen mag. Sie ist irgendwie … kaputt."

Betroffen schaut Wendy Penelope an.

„Aber ich könnte sie doch… reparieren", schlägt sie vor.

„Das ist nicht so leicht", erklärt Gunnar.

Wendy redet auf ihren Vater ein. Nach ihrem
Reitunfall wollte sie auch nicht mehr reiten.
Aber Dixie hat sie geheilt. Das könnte sie
doch auch versuchen.
Er schüttelt den Kopf: „Wir haben kein Geld
für noch ein Pferd!"
Wendy gibt nicht auf: „Im Sommer fressen
Pferde doch Gras und sie könnte bei Dixie im
Stall wohnen."
Gunnar guckt sie skeptisch an. Schließlich
seufzt er:
„Na gut. Wenn es dir so wichtig ist, probier
es. Gras ist ja umsonst."
Jubelnd fällt Wendy ihrem Vater um den Hals.

Jetzt erst recht!

Voller Eifer beginnt Wendy das Training.
„So, Penelope, zuerst brauchst du einen
neuen Namen. Ab heute heißt du Penny."
Beruhigend spricht sie auf die Stute ein:
„Penny, ich weiß, dass du Angst hast.
Ich hatte auch mal einen schlimmen Unfall.
Danach wollte ich auch nie wieder reiten.
Aber dann hat der hier mich gerettet."
Sie deutet auf Dixie.

Er hat Wendys Stimme gehört und kommt freudig angelaufen. Aber als Wendy Penny einen Apfel gibt, dreht

er sich sofort wieder um und läuft weg.
„Jetzt sei doch nicht so beleidigt", ruft Wendy
ihm hinterher.

In den nächsten Stunden versucht Wendy,
Pennys Vertrauen zu gewinnen. Die ganze Zeit
über bleibt Wendy immer dicht neben ihr und
redet mit beruhigenden Worten auf sie ein.
Am Ende des Trainings geht Wendy mit Penny
zu einer Wippe. Penny wirkt ängstlich. Doch
Schritt für Schritt lässt sie sich von Wendy über
die Wippe führen.
„Ich wusste, dass du es kannst", flüstert Wendy
ihr ins Ohr und strahlt.

Daniel unter Druck

Daniel striegelt auf dem Nachbarhof St. Georg gerade sein Pferd Ambassador.

Auf einmal kommt Vanessas Mutter auf ihn zu: „Hast du schon die Neuigkeiten von Rosenborg gehört? Wendy trainiert jetzt mit Penelope", verkündet Ulrike. Dabei steckt sie eine Sonnenbrille mit sehr großen Gläsern in ihr Haar.
Daniel lässt den Striegel sinken: „Das Pferd, das wir zum Schlachter geschickt haben?"
„Ja", antwortet sie.
Er zuckt mit den Schultern. Penelope springt

ja nicht mehr. Soll Wendy doch mit ihr trainieren. Ulrikes Fingernägel klackern nervös auf der Sonnenbrille herum: „Wendy hat so ein Händchen für Tiere.

WENN sie es hinbekommt, dann haben wir keine Chance. Dein Vater wäre sicher bitter enttäuscht. Aber dir wird schon was einfallen!" Aufmunternd klopft sie ihm auf die Schulter und lässt ihn stehen.

Daniel fummelt unsicher am Griff der Bürste. Er schluckt. Für ihn stand der Sieg so gut wie fest. Nie hätte er mit Wendy gerechnet. Sie wollte ja gar nicht mitreiten.

Er muss sich ablenken! Hastig sattelt er Ambassador und macht einen Ausritt.

Über Felder und Wiesen galoppiert er durch den Wald. Buchen und Tannen fliegen nur so an ihm vorbei. Doch Daniel sieht die Bäume nicht, seine Gedanken sind nur beim Turnier.

Plötzlich sieht er aus der Ferne einen anderen Reiter: Wendy jagt mit Penny im Galopp auf den Wald zu. Daniel bringt Ambassador zum Stehen. Schnell versteckt er sich hinter einem Baum.

Dort sieht er, wie Wendy mit Penny über einen Waldweg galoppiert. Mitten in der Kurve liegt ein großer Baumstamm auf dem Weg. Gerade will Wendy Penny zum Stehen bringen, da passiert es: Penny springt völlig entspannt hinüber. Wendy schaut sich verdutzt nach dem Baumstamm um.

„Oh, nein! Die springt ja doch", flüstert Daniel. Er ist ganz bleich im Gesicht. Wendy darf auf keinen Fall gewinnen!

Vitamine für Penny

Penny springt! Wendy kann es immer noch nicht fassen. Voller Vorfreude führt sie Penny auf den Reitplatz. Sie will es noch einmal probieren, weil es doch gerade so gut geklappt hat.

Auf dem Reitplatz wirkt Penny immer noch sehr ruhig. Wendy wechselt vom Schritt in den Trab. Dann treibt sie das Pferd an und galoppiert. Geschickt reitet Wendy in die Mitte des Reitplatzes und lenkt Penny dann auf ein Hindernis zu. Penny wird immer schneller. Doch plötzlich bremst sie ab und scheut erneut.

Enttäuscht steigt Wendy ab. Sie fragt traurig: „Warum machst du das denn? Du kannst doch springen!" Wendy kommen fast die Tränen: „Mensch, wir haben nicht mal zwei Wochen! Das schaffen wir doch nie."

Mit hängendem Kopf führt Wendy Penny in
den Stall und striegelt sie. Da taucht plötzlich
Daniel vor ihr auf: „Ich hab dir was mit-
gebracht."
Er setzt einen Sack vor Wendy ab.
„Äh, hallo Daniel", entgegnet sie überrascht.
„Das sind Vitamine. Die gebe ich Ambassador
auch immer."
Wendy seufzt: „Danke, aber das ist sowieso
umsonst."

Sie setzt sich auf einen Heuhaufen und
erzählt Daniel von ihren Schwierigkeiten mit
Penny.

Daniel ist verwundert: „Aber ich habe euch
beim Ausritt gesehen. Da ist Penny gesprungen
wie eine Eins."

Wendy lässt den Kopf hängen: „Draußen ja,
aber im Parcours nicht."

Zögernd erzählt sie, was sie schon alles mit
Penny ausprobiert hat. Daniel kann sie gut

verstehen. Auch mit Ambassador hatte er schon Probleme und wusste manchmal nicht weiter.

Wendy wundert sich. Noch nie hat sie sich mit einem Jungen so intensiv über Pferde unterhalten!

In diesem Moment kommt Dixie näher und schnuppert an dem Sack.

Schnell zieht Daniel ihn an sich: „Sorry, das ist nur für Turnierpferde!"

Da beißt Dixie Daniel in den Arm. Erschrocken
lässt er den Sack fallen.

„Was fällt dir ein, Dixie!" ruft Wendy empört
und sperrt Dixie in den Stall.

„Tut mir leid, Daniel. Alles ok?", fragt sie.
Er reibt sich den Arm und verabschiedet sich.

Hoffnungslos

Noch ein letztes Mal will Wendy es versuchen. Gesattelt geht sie mit Penny auf den Reitplatz und sitzt auf.

Penny wechselt ohne Probleme vom Schritt in den Trab. Im Galopp dreht Wendy eine Extrarunde bevor sie wieder einen Sprung versucht. Sie treibt Penny an und lenkt sie an das Hindernis heran. Aber genau davor bremst Penny ab. „Was soll ich denn noch machen?", ruft sie verzweifelt und wirft ihren Reithelm auf den Boden.

Dixie konnte sich die Stalltür allein öffnen,
aber er ist traurig: Wendy beschäftigt sich
gar nicht mehr mit ihm. Nur noch mit dem
neuen Pferd. Da entdeckt er den Futtersack
von Daniel. Genüsslich macht er sich über
den Inhalt her.

Das war knapp

Am nächsten Morgen sucht Wendy nach Dixie. Aber der ist auf dem ganzen Hof nirgends zu finden.

„Hm, wahrscheinlich ist er beleidigt, weil ich so viel mit Penny unterwegs bin. Vielleicht ist er ja am See", denkt Wendy und macht sich auf den Weg dorthin.

Am See ist er auch nicht. „Dixie, Dixie. Jetzt hör auf mit dem Quatsch", ruft sie. Wendy weiß nicht, wo sie noch nach ihm suchen soll. Da übernimmt Penny die Führung. Sie läuft immer tiefer in den Wald hinein.

„Wo willst du denn hin?", fragt Wendy verwirrt.

„Hier ist der Wald doch total dicht!"

Aber Penny lässt sich nicht davon abbringen. Sie läuft zielstrebig weiter.

Große Äste versperren ihnen den Weg. „Hier
geht's wirklich nicht weiter, Penny", sagt
Wendy und steigt ab. Doch plötzlich hört sie
ein schwaches Wiehern.

„Dixie? Wo bist du?", schreit Wendy aufgeregt und kämpft sich durchs Dickicht. Endlich
sieht sie Dixie auf einer Lichtung liegen. Er hat
Schaum vor dem Mund und stöhnt vor
Schmerzen. Wendy eilt herbei: „Mein armer
Dixie. Was ist denn mit dir los?" Sofort ruft sie
mit ihrem Handy ihren Vater an.

Armer Dixie!

Gunnar hat gleich die Tierärztin benachrichtigt. Zusammen mit ihm bringt sie Dixie in einen Unterstand auf der Weide. Dann berichtet er Wendy und Heike: „Die Tierärztin meint, er hat sich wahrscheinlich an Leckerlis überfressen. Sie hat uns eine Medizin mitgegeben, die Dixie morgens und abends einnehmen muss."

„Es tut mir so leid, dass ich mich nicht mehr um dich gekümmert habe!", schluchzt Wendy. Sie streichelt Dixie über den Kopf.

„Mach dir keine Sorgen. Dixie ist ein Kämpfer", beruhigt Gunnar sie.

Heike legt Wendy liebevoll eine Jacke um die Schultern.

„Willst du nicht langsam reinkommen?", fragt sie.

„Nein, ich lasse Dixie nicht alleine", schnieft Wendy.

Heike will Wendy überreden, mit ins Haus zu

kommen. Wendy soll nicht alleine mit Dixie auf der Weide bleiben. Aber auf einmal taucht Wendys Bruder Tom auf.

„Ich bleibe mit ihr hier", erklärt er.

Wendy lächelt schwach. „Das ist sehr lieb von dir", sagt Heike erleichtert.

Tom und Wendy liegen in Schlafsäcken bei Dixie und schlafen die ganze Nacht dort.

Liebe auf den zweiten Blick

Die Sonne kitzelt Wendy am nächsten Morgen aus dem Schlaf. Tom liegt noch neben ihr im Schlafsack. Sofort suchen ihre Blicke nach Dixie. Nanu? Der Unterstand ist leer!

Plötzlich entdeckt sie ihn. Er ist schon wieder auf den Beinen und steht mit Penny auf der Weide. Beide grasen friedlich nebeneinander und beknabbern sich freundschaftlich.
Wendy läuft zu ihnen und nimmt beide Pferde in den Arm.

„Na ihr seid mir ja lustig. Auf einmal geht es!", schmunzelt sie.

Wendy hat eine Idee

Nach der ganzen Aufregung hat sich Dixie ein kühles Bad verdient. Deshalb macht Wendy mit beiden Pferden einen Ausflug an den Waldsee. Auch ihre Freunde Bianca, Merle und Mücke sitzen am Ufer. Sofort trabt Dixie zum Wasser und platscht mit den Vorderläufen hinein. Dann dreht er sich nach Penny um. Die wiehert und scheut. „Lass sie, Dixie. Sie hat Angst vor Wasser", erklärt Wendy.

Dixie geht tiefer ins Wasser. Dann bleibt er
stehen. Er dreht sich wieder nach Penny um.
Wendy setzt sich inzwischen zu ihren
Freunden. Sie erzählt von der Tierärztin:
„Sie musste ihm den Magen auspumpen."
„Und was hatte er?", fragt Bianca.
Wendy zögert: „So genau weiß sie das nicht.
Vielleicht hat sich Dixie überfressen. Ich muss
ihm jetzt zwei Tage lang eine Medizin geben."
„Ein Glück, dass er wieder fit ist", seufzt
Bianca und umarmt Wendy.
Mücke mustert sie: „So richtig glücklich siehst
du aber nicht aus."
„Ja, wegen Rosenborg. Vanessas Mutter war
gestern da mit einem Mann von der Bank",
gibt Wendy zu.
Sie atmet tief ein: „Wenn mein Vater bis nächste
Woche kein Geld auftreibt, müssen wir
gehen." Die Kinder sehen Wendy betroffen an.
Rosenborg ohne Wendy? Bianca steigen
Tränen in die Augen.

„Wir wollen ja nicht weg. Aber was soll ich machen? Solange Penny nicht springt, kann ich nicht beim Turnier mitmachen und auch kein Preisgeld verdienen." Traurig zuckt Wendy mit den Schultern.

Plötzlich zeigt Merle auf Dixie und Penny: „Guckt mal."
Wendy blinzelt zweimal. Geht Penny wirklich baden? Tatsächlich: Dixie läuft rückwärts ins

Wasser und lockt Penny so hinterher. Schließlich schwimmen beide Pferde im See.

„Mensch ihr beiden, ihr seid ja auf einmal
ein richtig tolles Team!", sagt sie.
Dann strahlt sie Dixie an: „Toll, wie du sie ins
Wasser gelockt hast!"
Plötzlich hat Wendy eine Idee: Nicht sie muss
Penny trainieren, sondern Dixie!

Penny kann es doch

itkommen! Ich weiß, wie ich Penny zum Springen bekomme", ruft sie ihren Freunden zu und schwingt sich auf Dixies Rücken. Neugierig radeln sie Wendy hinterher.

Auf Rosenborg beschreibt Wendy, wie sie den Parcours umbauen müssen. Neben den Hindernissen brauchen sie eine Bahn für Dixie.

„Er muss neben Penny herlaufen und sie so über die Hindernisse locken", erklärt Wendy. „Genial", ruft Bianca. Die Kinder legen neben dem Parcours Stangen auf den Boden. So entsteht eine zweite Bahn.

Dann geht Wendy auf ihn zu: „So, Dixie, ich brauche dich jetzt. Penny vertraut dir!" Anschließend wendet sie sich an Penny: „Du brauchst keine Angst zu haben! Dixie kommt mit."

Wendy legt ihren Kopf abwechselnd auf die Stirn der Pferde. Dann schwingt sie sich auf Penny. „Los, Dixie", ruft sie.

Der galoppiert sofort los. Penny kommt ihm kaum hinterher. Schließlich galoppiert sie genau hinter ihm. Er steuert die Reihe mit den Hindernissen an. Kurz vor dem ersten Hindernis nimmt Penny Anlauf. Alle halten den Atem an. Dixie läuft genau neben Penny. Er schnaubt und wird schneller. Plötzlich springt Penny über die erste Stange.

„Juhuu", brüllt Wendy. Auch Merle, Mücke und Bianca reißen jubelnd die Arme hoch. Auf einmal steht Gunnar neben dem Parcours. Er ruft: „Super, Wendy. Sie springt ja doch!"

Wendy lächelt überglücklich: „Ja, Papa. Ist
das nicht toll!"

„Dann hoffen wir, dass sie es auf dem Turnier
auch ohne Dixie schafft", murmelt Gunnar.
Wendy überlegt kurz: „Vielleicht nehmen wir
ihn mit und er steht außen am Gatter. Dann
springt sie hoffentlich, wenn sie ihn sieht."
Gunnar nickt ihr aufmunternd zu: „Genauso
machen wir es!"

Eine echte Freundin

Am Morgen des Turniers sind alle sehr aufgeregt. Herta und Gunnar verladen Dixie und Penny in den Anhänger und endlich geht es los.

In St. Georg angekommen holen Wendy, Heike und Herta die Pferde aus dem Pferde-anhänger. Ulrike beobachtet aus einiger Entfernung, wie Gunnar und Wendy erst

Dixie und dann Penelope
ausladen. Jetzt wird
Ulrike doch unsicher:
Was, wenn Wendy
Penelope doch zum
Springen gebracht hat?

Dann hat Daniel gegen sie
keine Chance. Sie muss mit Daniel
reden. Der sollte sich doch was ausdenken,
um die Konkurrenz auszuschalten.

Inzwischen kümmert sich Wendy um Penny
und Dixie. Sie streicht ihnen über die

Mähne und spricht beruhigend auf beide ein.
Wendy atmet tief durch und reicht Penny
eine Möhre: „Hier, ein bisschen Nerven-
nahrung, bevor es losgeht."
Penny beißt genussvoll hinein. Plötzlich stürmt
Vanessa auf sie zu und schlägt Wendy die
Möhre aus der Hand.
„Nicht, die ist vergiftet", kreischt sie. Hektisch
greift sie Penny ins Maul.

„Die Möhren?", fragt Wendy
überrascht.

Vanessa sieht erstaunt
auf die Möhrenreste in
ihrer Hand.
„Äh … nee … ",
stammelt sie.
Dann atmet Vanessa
tief durch. Sie
erzählt, wie sie ein
Gespräch zwischen
Daniel und Ulrike
belauscht hat. Darin hat

Daniel erklärt, er habe Leckerlis mit einem Zeug besprüht, damit Penelope durchdreht.

Wendy starrt Vanessa entsetzt an. Jetzt wird ihr einiges klar: Darum ging es Dixie so schlecht!

In diesem Moment kommt Daniel auf die Mädchen zu: „Ah, die Konkurrenz! Guten Tag die Damen."
Wendy schaut ihn böse an: „Dixie wäre beinahe gestorben. Durch deine Leckerlis!"
„Du bist so unglaublich fies, Daniel!", zischt Vanessa.

Beschämt schaut Daniel auf den Boden.
„Hat dir aber nichts genützt", fügt Wendy
hinzu, „Dixie hat überlebt. Und wenn er bei
Penny ist, schafft sie jedes Hindernis!"

Daniel merkt: bei den Mädchen ist er unten
durch. Schnell läuft er davon.
Wendy schaut ihm nach. „Und ich dachte,
wir wären Freunde", flüstert sie traurig.
Dann dreht sie sich zu Vanessa um und umarmt sie: „Dafür bist du eine echte Freundin.
Danke, Vanessa!"

Das Turnier

 aniel und Vanessa sind die ersten Reiter des Turniers. Beide kommen mit einer guten Zeit durch den Parcours.

Auch die Bloggerin Mia von Mias Pferdewelt und ihre blonde Freundin sitzen im Publikum. Beide filmen Wendy mit ihren Smartphones.

„Hey Leute, heute bin ich mit meiner Freundin Mia auf einem Pferdeturnier. Was ist denn

das Besondere an diesem Springen?", fragt
die blonde Schönheit.

„Na, Wendy startet gleich", erklärt Mia.

„Habt ihr gehört Leute? DIE Wendy wird heute
mitreiten!"

Wenig später ertönt die Ansage für Wendy:
„Startnummer neun: Wendy Thorsteeg auf
Penelope von der Hohenlohe."

Wendy trabt auf Penny auf die Reitbahn und
begrüßt die Zuschauer. Ein Gong ertönt, das

Zeichen für Wendy, dass sie losreiten soll.
Doch Penny fängt auf einmal an zu tänzeln.
Mit weit aufgerissenen Augen läuft sie
rückwärts in die Bande. Sie scheint außer
sich vor Angst.

Da ruft der Stadionansager durch das Mikro-
fon: „Startnummer neun bitte ordnungsgemäß
über die Lichtschranke reiten! Sonst kann der
Ritt nicht gewertet werden."

Wendy versucht, Penny an die Lichtschranke zu treiben. Aber sie scheut. „Wo ist Dixie?", denkt Wendy verzweifelt. Ihre Augen suchen den Turnierplatz und die Tribünen ab. Vanessa und Tom winken von den Tribünen.

Aber Dixie wurde von zwei fiesen Ordnern auf Befehl von Frau Immhof vom Platz geschafft.

Glücklicherweise können Wendys Freunde ihn befreien.

Als Gunnar ihn sieht, zögert er nicht lange und lässt Dixie schnell in die Reitbahn galoppieren.

Sobald Penny Dixie bemerkt, ist sie wie verwandelt. Sofort reagiert sie auf Wendys

Kommandos, passiert die Lichtschranke und
galoppiert Dixie hinterher. Der nimmt Kurs
auf das erste Hindernis und läuft genau wie
beim Training daneben vorbei. Penny folgt
ihm und fliegt nur so über das Hindernis.

Das ganze Publikum ist mucksmäuschenstill.
Alle verfolgen fieberhaft das Dreierteam.

Das nächste Hindernis besteht aus einer
Hecke. Auch hier läuft Dixie vorneweg. Dann

sind beide gleichauf. Dixie läuft am Hindernis vorbei und Penny springt. Das Publikum atmet lautstark auf.

Als letztes müssen Wendy und Penny über einen Oxer: zwei Hindernisse hintereinander mit einem Wassergraben in der Mitte.

Kurz blickt Wendy auf den Wassergraben. Hoffentlich kehrt jetzt nicht Pennys alte Wasserangst zurück!

Mia flüstert auf der Zuschauerbank: „Komm Wendy, du schaffst es!" Dann ist es wieder totenstill in der Halle. Alle halten den Atem an.

Dixie läuft neben den beiden her und bringt Penny so dazu, mit ihm mit zu laufen. Die galoppiert immer schneller. Auf einmal erhebt sie sich und schwebt über den Wassergraben.

Wendy reißt ihre Arme hoch: Penny hat es geschafft.

Alles umsonst?

Überglücklich sieht Wendy zum Display hoch und sieht ihren Namen an erster Stelle. War sie etwa schneller als Daniel? In diesem Moment sagt der Stadionsprecher: „Was für ein außergewöhnlicher Ritt. Eine Minute, fünfundvierzig Sekunden. Bestzeit!"

Da kommen Gunnar und Heike angelaufen: „Toll, Wendy! Gut gemacht!" Beide umarmen sie.

Oma Herta tänzelt um Dixie herum: „Juhu, Wendy hat es geschafft!"
Auch Tom, Merle, Mücke und Bianca jubeln.

Aber auf einmal ist aus dem Stadionlautsprecher die Stimme des Ansagers zu hören: „Aufgrund eines regelwidrigen Ritts muss die Nummer neun leider disqualifiziert werden.

Neuer Sieger ist – Daniel Hofstädter auf Ambassador."

Ein Raunen geht durch die Zuschauerreihen. Wendy dreht sich zur Anzeigetafel um. Wie bitte? Hinter ihrem Namen ist auf der digitalen Anzeigetafel das Wort „disqualifiziert" zu lesen. Wendy kann es kaum fassen. Aus dem Publikum werden Buh-Rufe laut. Sofort laufen Wendys Eltern zur Turnierleitung. Dort steht Ulrike neben dem Landestrainer und grinst. Gunnar schimpft: „Das ist doch nicht dein Ernst."

„Zwei Pferde in der Bahn sieht die Prüfungsordnung nun mal nicht vor", entgegnet Ulrike schnippisch.

„Aber diese Regel gilt doch nur für olympische Turniere!", ruft Gunnar wütend.

„Und dies ist ein Kinderturnier", sagt Heike.
Ulrike erwidert: „Regel ist nun mal Regel!"
Wendy ist empört und traurig. Aber vor
Daniel will sie das nicht zeigen. Mit erhobe-
nem Kopf reitet sie vom Reitplatz an Daniel

vorbei. Der wird ganz rot im Gesicht, als
Wendy ihn direkt anspricht: „Glückwunsch!
Jetzt hast du, was du wolltest."

Die große Überraschung

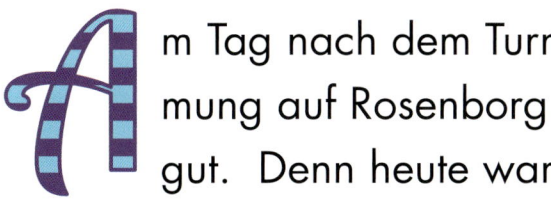

Am Tag nach dem Turnier ist die Stimmung auf Rosenborg nicht besonders gut. Denn heute warten Wendys Eltern auf den Bankberater Herrn Hövelmann. Er will sich auf Rosenborg umsehen und den Preis des Hofes schätzen. Herta, Gunnar und Heike haben das Geld, das sie der Bank für den Hof schulden, zu spät zurückgezahlt. Nun soll der Hof verkauft werden. Alle stehen unruhig am Eingang herum. Können sie den Bankberater noch einmal umstimmen?

Da hält Herr Hövelmanns Auto auf dem Hof. Auch Ulrike steigt aus.
Grußlos geht Gunnar auf die beiden zu:
„Was den Wert des Hofes angeht, steht ihre Meinung ja schon fest. Deshalb können wir uns die Begehung von mir aus sparen. Oder was soll ich daraus schließen, dass sie Frau Immhof mitgenommen haben?"

„Nun, ich nehme nicht an, dass Sie es in den letzten Tagen geschafft haben, Ihren Hof wertvoller zu machen", antwortet Herr Hövelmann, „deshalb rate ich Ihnen, Frau Immhofs Angebot anzunehmen."

Ulrike grinst: „Mein Angebot: 150 000 Euro für den Hof und die Weiden. Mehr ist das alles hier nicht wert." Dann öffnet sie eine Mappe und hält Gunnar, Heike und Herta einen Kaufvertrag hin. „Ihr müsst nur hier unterschreiben", erklärt sie ihnen.
In diesem Moment kommt Vanessa mit Tornado auf den Hof geritten. Sie drückt

Wendy die Zügel in die Hand: „Hallo Wendy, es wird Zeit, dass ich Tornado anders trainiere. Könntest du das machen? Ich möchte ihn auch hier unterstellen."

Vanessa schaut ihre Mutter herausfordernd an: „Das zahlt Papa."

Ulrike bleibt der Mund offen stehen. So eine Unverschämtheit von ihrer Tochter! Sie ist sehr wütend.

Gleich danach kommt Mücke mit einem Mädchen. „Hi Wendy, das ist Lara", stellt er sie vor, „die würde gerne bei dir Unterricht nehmen."

„Ich habe auf dem Turnier deinen tollen Ritt mit den zwei Pferden gesehen. Sowas will ich auch können", erklärt Lara. Wendy nickt erstaunt: „Klar, kann ich dir beibringen."

Laras Mutter spricht
Gunnar und Heike an:
„Wir würden unser
Pferd natürlich auch
gerne hier unterstellen."

Dann wendet sich Mücke wieder an Wendy:
„Ach, und mein Opa hat keinen Platz mehr
für Heidi und Hannelore. Sie brauchen
dringend einen Stall – und Reitunterricht."
Immer mehr Pferdeanhänger fahren auf
den Hof. Eine Gruppe Frauen fragt während-
dessen nach dem Hofladen.

„Wir haben bei unserem Chorfreund Klaus Röttgers ihre Marmelade probiert. Die müssen wir unbedingt kaufen", strahlt eine der Frauen.

Der Bankberater schaut sich verwirrt um: „Also wenn das so ist, dann scheint es ja doch genug Einnahmen zu geben, ..."

„ ... um den Kredit zu bezahlen", ergänzt Heike.

Heike streckt Herrn Hövelmann ihre Hand entgegen: „Wenn sie uns entschuldigen. Sie sehen ja: Wir haben zu tun."

Ulrike kocht vor Wut. Sie dreht sich auf dem Absatz um und stolziert davon.

„Ja, dann", verabschiedet er sich und läuft Ulrike hinterher. Wendy, Gunnar, Heike und Herta schauen ihm nach.

„Juhu", jubelt Heike. Sie fällt Gunnar und Wendy um den Hals.

„Zusammen schaffen wir alles", sagt Herta zufrieden.

Wendy läuft zu Penny und Dixie und umarmt sie. „Hey, ihr beiden, wir haben es geschafft! Wir bleiben hier!", jubelt sie. „Dank euch!"

Ende!

Begriffserklärungen

Parcours Eine vorgegebene Strecke und Reihenfolge, in der die Hindernisse beim Springreiten überwunden werden müssen. Die Hindernisse sind durchnummeriert und setzen sich aus ein bis drei Elementen zusammen. Vor dem Turnier geht der Reiter den Parcours ab, um zu sehen, wo ihn und sein Pferd welche Hindernisse erwarten.

Oxer Ein Hindernis beim Springreiten, das ein wenig wie ein Stufenbarren aussieht und aus zwei Stangen hintereinander in verschiedenen Höhen besteht. Das Pferd muss hier nicht nur hoch, sondern auch weit springen.

Landeskader Der Kader ist ein Team, das eine bestimmte Sportart als Leistungssport ausführt. Um erfolgreich an Meisterschaften und Turnieren teilnehmen zu können, wird der Kader gebildet. Hier werden die Sportler speziell gefördert und ausgebildet.

Disqualifikation Hat ein Sportler gegen die Regeln des Wettkampfes verstoßen, wird er von diesem ausgeschlossen und sein Ergebnis wird nicht gewertet.

Schenkeldruck   Der Reiter drückt den Unterschenkel gegen den Pferdebauch. Dem Pferd wird mit dem beidseitigen Druck der Unterschenkel signalisiert, dass es sich in Bewegung setzen soll.

Bloggerin   Eine Bloggerin schreibt eigene Texte oder macht Fotos, die sie im Internet auf ihrer Website veröffentlicht. Meist schildert sie ihre Erlebnisse oder beschreibt Dinge, von denen sie annimmt, dass sie für andere interessant sein könnten.

Schritt, Trab, Galopp   Das sind die drei wichtigsten Gangarten des Pferdes. Sie sind unterschiedlich schnell: Im Galopp läuft das Pferd sehr schnell, im Trab eher gemütlich und im Schritt bewegt es sich nur langsam vorwärts.

Wendy 2

Deine Wendy Bücher zum zweiten Kinofilm

Wendy 2 – Freundschaft für immer
Das Buch zum Film
ISBN 978-3-505-14132-4
€ 12,99 [D]

Wendy 2 – Das Erstlese-Buch zum Film
ISBN 978-3-86458-357-5
€ 8,99 [D]

Wendy 2 – Meine Freunde
ISBN 978-3-86458-346-9
€ 9,99 [D]

Wendy 2 – Mein Ideenbuch
ISBN 978-3-86458-344-5
€ 7,99 [D]

Wendy 2 – Mein Stickerbuch
ISBN 978-3- 86458-345-2
€ 4,99 [D]

Schneiderbuch
EGMONT

BALLOON
EGMONT